Reseñas
SOY ÚNICO

"¡Este libro es un cuento para todos! Ser fiel a uno mismo y conocer tus dones y talentos únicos es una labor a la que algunos nunca aspiramos. ¡Bravo por los Kakapo! Una celebración de la singularidad envuelta en un pequeño loro."

    Angela Welch
    Autora de *When The Angels Take Me*

"La autora infantil, Mireida Mendoza, enseña a los niños a celebrar y apreciar su singularidad en esta adorable historia sobre una única especie de loro en peligro de extinción. Esta encantadora historia de un Kakapo es a la vez divertida y educativa para los lectores mientras aprenden sobre las características especiales y el hábitat del Kakapo. Un libro de lectura indispensable tanto para niños como para maestros."

    Joanette Weisse, MD
    Autora del gran éxito *Giggles in my Heart*

"La filosofía de Kakapo es que son nuestras diferencias las que nos hacen especiales en el mundo. Me encanta este pequeño libro. Enseña confianza y amor propio. Es la historia de un Kakapo brillante que pasa la noche felizmente buscando comida de la única manera que puede. Cuando se encuentra con un pequeño Pekapeka, le explica que aunque no puede volar como otros pájaros, no le importa, tiene otras cualidades. Y, de hecho, le gusta cómo el hecho de ser un pájaro no volador lo hace único. Todos necesitamos recordar esto para esos momentos en los que sentimos que no encajamos, cuando nos sentimos diferentes, peculiares, como dice Pekapeka."

    Shaaron Fedora
    Autora del gran éxito internacional Twigs In My Ears and *The Loneliest Teddy Bear*

SOY ÚNICO

Escrito e ilustrado por Mireida Mendoza

Hasmark Publishing
www.hasmarkpublishing.com

Copyright © 2020 Mireida Mendoza
Primera edición

Ninguna parte de este libro puede ser reproducida o transmitida de ninguna forma o por ningún medio, electrónico o mecánico, incluyendo fotocopias, grabaciones o por cualquier sistema de almacenamiento y recuperación de información, sin permiso escrito del autor, excepto para la inclusión de breves citas en una reseña.
Descargo de responsabilidad
Este libro está diseñado para proporcionar información y motivación a nuestros lectores. Se vende con el entendimiento de que el editor no se compromete a dar ningún tipo de asesoramiento psicológico, legal o cualquier otro tipo de asesoramiento profesional. El contenido de cada artículo es la única expresión y opinión de su autor, y no necesariamente la del editor. La elección del editor de incluir cualquiera de los contenidos en este volumen no supone ninguna garantía expresa o implícita. Ni el editor ni el autor o autores individuales serán responsables de ningún daño físico, psicológico, emocional, financiero o comercial, incluidos, entre otros, los daños especiales, incidentales, consecuentes o de otro tipo. Nuestros puntos de vista y derechos son los mismos: Usted es responsable de sus propias elecciones, acciones y resultados.

El permiso debe dirigirse por escrito a Mireida Mendoza en mireidamendozabooks@gmail.com

Editor: Janet-Lynn Morrison
janet-lynn@hasmarkpublishing.com

Ilustraciones: Mireida Mendoza
mireidamendozabooks@gmail.com

Diseño: Anne Karklins
anne@hasmarkpublishing.com

ISBN 13: 978-1-77482-000-1
ISBN 10: 1774820005

Para mis tesoros, Damian y Daniel:
Gracias por inspirarme y por ser únicos.
¡Mi amor por ustedes solo sigue creciendo cada vez más!

En lo profundo del bosque paseaba un Kakapo por la noche.

Miró hacia arriba y miró hacia abajo, saltó sobre una rama y se subió a un árbol.

Luego empezó a escalar el árbol saltando, saltando, saltando cada vez subiendo más alto. Salto, salto, salto. Subió, subió, subió.

Desde abajo eschuchó una pequeña voz, "¡Oye, Kakapo! ¿Qué haces escalando el árbol? ¿No puedes simplemente usar tus alas?" pregunto el pequeño Pekapeka.

"Oh, no puedo usar mis alas pero no me preocupa."

"Tengo un pico fuerte para agarrarme de las ramas."

"Tengo piernas robustas para ayudarme a subir, subir, subir. ¡Así que ve como lo hago!"

El Kakapo siguió saltando, saltando, saltando y fue subiendo, subiendo, subiendo!

El pequeño Pekapeka voló serca del Kakapo y preguntó, "Bueno, si no puedes usar tus alas, ¿para qué sirven? Qué pájaro tan peculiar eres."

"¡Equilibrio! Me ayudan a equilibrarme. No puedo volar como la mayoría de pájaros pero no me preocupa. Tener alas sin la capacidad de volar puede ser peculiar en tu opinion, pero alcontrario, me gusta lo único que me hace." Respondió el Kakapo y continuó saltando, saltando, saltando y fue subiendo, subiendo, subiendo.

Uno al lado del otro el Kakapo y el pequeño Pekapeka subieron, subieron y subieron.

Finalmente ambos se detuvieron. "¡Comida!" gritó el Kakapo con alegría. Llegó a una rama y comenzo a comer su comida favorita. "Esto si que vale la subida"

Mientras el Kakapo disfrutaba de su comida, el Pekapeka lo miraba.

Al darse cuenta de la confianza y el amor propio de este peculiar pájaro, el Pekapeka sonrió.

"Sabes, puedes ser peculiar, pero me agradas Kakapo."
"Soy único Pekapeka. Soy único."
"Sí, lo eres."

El Kakapo comió felizmente la fruta rimu mientras que el Pekapeka se fue volando con una sonrisa.

APRENDAMOS

Aquí aprenderemos hechos interesantes sobre el Kakapo

COLOR: Verde musgo y amarillo con manchas marrones o negras malteadas.

TAMAÑO: El kakapo es la especie de loro más pesada. Un macho puede pesar alrededor de 4.8 libras (2.2 kg.) y una hembra alrededor de 3 libras (1.4 kg.).

ALIMENTO: Los kakapo son herbívoros. Disfrutan de la fruta rimu, agujas de pino, flores, semillas, bayas y nueces.

HÁBITAT: Antes de la llegada de los humanos, los kakapo vivían en hábitats variados en Nueva Zelanda, incluyendo tierras tussock, matorrales, costas y bosques. Son conocidos por ser "generalistas del hábitat", lo que significa que tienen la capacidad de sobrevivir a cualquier clima en Nueva Zelanda. Actualmente todos los kakapo viven en islas libres de depredadores en Nueva Zelanda.

CARACTERISTICAS: Los kakapo son criaturas solitarias, nocturnas y no voladoras. Se sabe que es una de las especies de aves más longevas. ¡Pueden vivir hasta 90 años! Lo curioso de los kakapo es que son conocidos por paralizarse cuando son sorpredidos o molestados. ¡Cada kakapo tiene su propia personalidad que va desde ser jugeutón, amigable, amante a la comida, explorador, grosero, y a veces incluso gruñón!

Estado de conservación: EN PELIGRO CRÍTICO

¿Por qué es el kakapo una especie importante en nuestro mundo?

Los kakapo son importantes para nuestro mundo porque ayudan a la dispersión de las semillas y al control de la vegetación debido a que se alimentan de más de 25 especies de helechos, arbustos y hierbas.

APRENDAMOS

Aquí aprederemos hechos interesantes sobre el
MURCIÉLAGO DE COLA CORTA MENOR DE NUEVA ZELANDA

COLOR: Gris como ratón a marrón oscuro.

TAMAÑO: Pequeño, el cuerpo varía de 2.4 a 2.8 pulgadas (6 a 7 cm.) y pesa de 0.35 a 0.78 onzas (10 a 22 g.) con un tamaño de 11 a 12 pulgadas (28 a 30 cm.) de longitud de las alas.

ALIMENTO: El murciélago de cola corta menor disfruta comer fruta, néctar, polen e insectos. Son conocidos por cazar insectos en el suelo, a diferencia de en el aire como la mayoría de los murciélagos.

HÁBITAT: El murciélago de cola corta menor habita en bosques vírgenes con grandes árboles que le proporcionan hogares donde pueden descansar solos o en colonias. Se encuentran principalmente en la isla norte de Nueva Zelanda.

CARACTERISTICAS: El murciélago de cola corta menor también es conocido como pekapeka-tou-poto que es una palabra que la etnia Maorí utiliza para referirse a los murciélagos. Cuando hace frío y los suministros de alimentos son escasos, entran en lo que se denomina torpor para conservar la energia; en otras palabras, reducen su temperatura corporal y su tasa metabólica, lo que a veces dura hasta 10 días. ¡Utilizan la ecolocalización para cazar y desplazarse!

Estado de conservación: VULNERABLE

¿Por qué el murciélago de cola corta menor es importante en nuestro mundo?

El murciélago de cola corta menor o como me gusta llamarlo, pekapeka, es importante porque ayuda a polinizar las plantas, en especial una planta amenazada llamada rosa silvestre que crece en las raíces de los àrboles. ¡Tambien ayudan a controlar las plagas al tener un apetito por los insectos!

Imágen: Collin O'Donnell, Departamento de Conservación (NZ)

CONSEJOS DE KAKAPO

Queridos amigos,

¡Quiero que recuerden dos valores muy importantes que los ayudarán a vivir una vida feliz!

1. ¡Acepta, abraza y ámate a ti mismo sin importar tu apariencia, tus características y lo que te hace ser quien eres. Después de todo, solo hay uno de ustedes en este maravilloso planeta que llamamos hogar!

2. Siempre ten confianza en ti mismo. ¡Tienes las habilidades y talentos para alcanzar cualquier meta y sueños que tu corazón desee!

P.D. *¡Recuerda seguir saltando, saltando, saltando, subiendo, subiendo, subiendo, hasta que hayas alcanzado tus metas!*

¡INTERACTUEMOS!

¿Alguna vez te has sentido fuera de lugar? ¿Por qué?

¿Qué puedes hacer para superar ese sentimiento?

¿Cuál es una caracteristica que te gusta de ti mismo?

Visite los siguientes sitios web para descubrir más sobre la vida silvestre:

www.gotonewzealand.co.nz

www.edgeofexistance.org

www.doc.govt.nz

www.nzbirdsonline.org.nz

www.discoverwildlife.com

Acerca de la autora

Mireida es una esposa y madre dedicada que disfruta dibujar y escribir para sus hijos. Vive su vida de acuerdo a su creencia de apreciar las pequeñas cosas que más importan y que traen verdadera alegría y satisfacción. Mireida espera que cada libro que escriba contribuya a la concienciación de los animales en peligro de extinción.

Visita **mireidamendoza.com** para obtener más información.

¡Únete a su lista de correo electrónico para recibir actualizaciones y disfruta de una página para colorear gratis!

Con cada donación, daremos voz a la creatividad que hay en los corazones de nuestros niños que viven con diversos retos.

Al hacer esta diferencia, los niños que no han tenido la oportunidad de que su corazón sea escuchado tendrán la libertad de crear hermosas obras de arte y creaciones musicales.

Dona visitando
HeartstobeHeard.com

Muchas gracias.

www.ingramcontent.com/pod-product-compliance
Lightning Source LLC
Chambersburg PA
CBHW041704160426
43209CB00017B/1745